L'alphabet

De Roger Paré

 S0-BSF-218

Les éditions la courte échelle
5243, boul. Saint-Laurent
Montréal (Québec)
H2T 1S4

Conception graphique: Derome design inc.

Dépôt légal, 3ᵉ trimestre 1994
Bibliothèque nationale du Québec

Copyright © 1985 Roger Paré et la courte échelle

la courte échelle

Données de catalogage avant publication (Canada)

Paré, Roger

    L'alphabet

    (Le Goût de savoir; 2)

    ISBN 2-89021-224-6

    1. Français (Langue) – Alphabet – Ouvrages pour la
jeunesse. I. Titre. II. Collection.

PC2153.P37 1994   j441'.1   C94-940795-X

À Julien

Aa

Un **acrobate** sur un **avion** jongle avec des **abricots**.

Bb

Un **boa** fait des **bulles**
dans son **bain**.

Cc

Un **chat** dans un **canot** promène son **canari**.

Dd

Un **dinosaure danse** avec
un **dauphin**.

Ee

Un **éléphant** transporte un **émir** en **Égypte**.

Ff

Un **faon** mange un **fruit**
dans la **forêt**.

Gg

Une **girafe** joue **gaiement**
au **golf**.

Hh

Un **hamster** joue de l'**harmonica**
et de la **harpe**.

Ii

Un **insecte inspecte** son **île**.

Jj

Un **jaguar** boit un **jus** dans la **jungle**.

Kk

Un **kangourou** fait du **karaté** en **kimono**.

Ll

Un **lion** se **lèche** les babines
près d'un **lac**.

Mm

Un **monstre** lit un **magazine**
sur sa **moto**.

Nn

Un **nudiste** mange des **nouilles** à **Naples**.

Oo

Oscar chante l'**opéra** et vend des **oranges**.

Pp

Un **porc** joue du **piano**
dans un **parc**.

Qq

Qui a volé les **quatre quenouilles** de la reine?

Rr

Un **rat** écoute la **radio** en mangeant du **riz**.

S s

Un **sculpteur** prend un bain de **soleil** sur le **sable**.

Tt

Tarzan s'amuse à **taquiner**
un **tigre**.

Uu

Cet **uniforme unique** est-il **utile**?

Vv Ww

Un **vagabond** joue du **violon**
sur un **wagon**.

Xx Yy Zz

Un **zèbre** joue du **xylophone** avant de manger du **yogourt**.